조음 연습을 위한 순서그림 말하기

-파찰음, 마찰음, 유음(탄설음)-

이지영 지음

저자 이지영

서울여자대학교 사회사업학과
나사렛대학교 언어치료전공 석사
세종대학교 특수교육전공 석사
동국대학교 명상심리상담전공 석사

현 마포장애인종합복지관 언어재활사

1급 언어재활사
2급 유아특수정교사
3급 청소년상담사

조음 연습을 위한 순서그림 말하기
-파찰음, 마찰음, 유음(탄설음)-

초판 1쇄 발행 2023년 3월 24일

지은이 이지영
펴낸이 장현수
펴낸곳 메이킹북스
출판등록 제 2019-000010호

디자인 박단비
편집 박단비
교정 안지은
마케팅 장윤정

주소 서울특별시 구로구 경인로 661, 핀포인트타워 912-914호
전화 02-2135-5086
팩스 02-2135-5087
이메일 making_books@naver.com
홈페이지 www.makingbooks.co.kr

ISBN 979-11-6791-341-8(03370)
값 00,000원

ⓒ 이지영 2023 Printed in Korea

잘못된 책은 구입하신 곳에서 바꾸어 드립니다.
이 책의 전부 또는 일부 내용을 재사용하려면 사전에 저작권자와 펴낸곳의 동의를 받아야 합니다.

홈페이지 바로가기

메이킹북스는 저자님의 소중한 투고 원고를 기다립니다.
출간에 대한 관심이 있으신 분은 making_books@naver.com로 보내 주세요.

조음 연습을 위한 순서그림 말하기
-파찰음, 마찰음, 유음(탄설음)-

이지영 지음

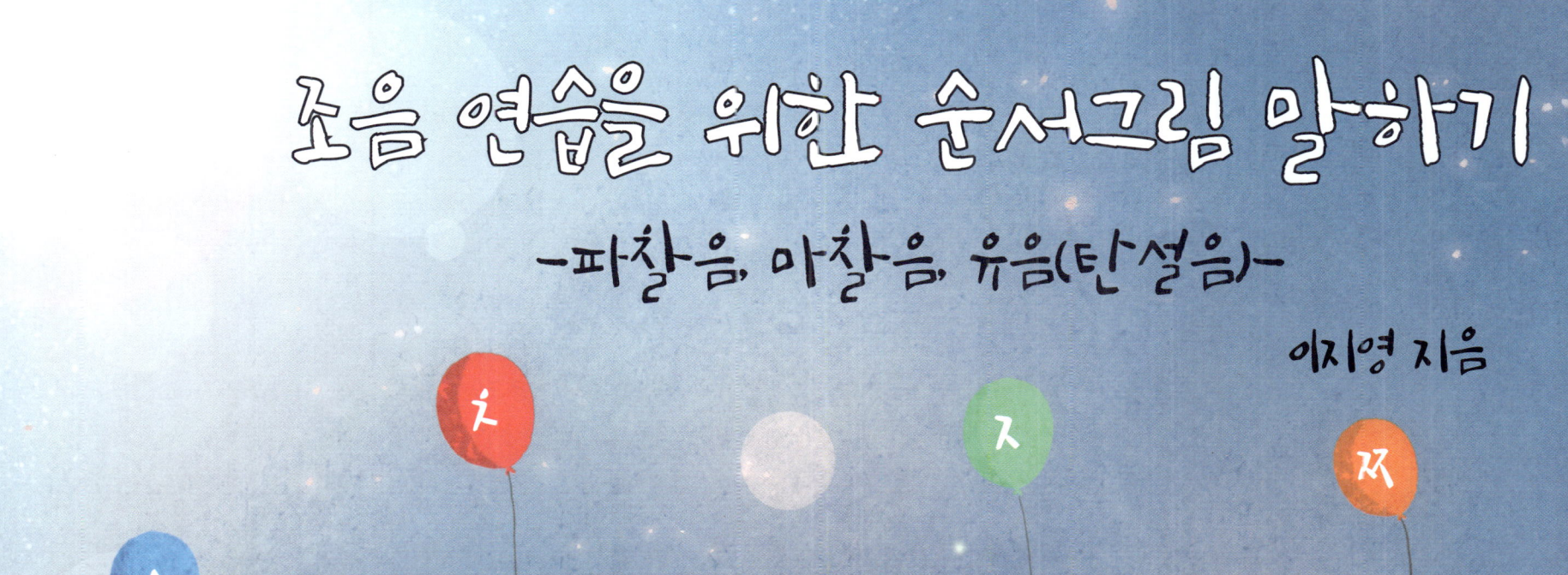

메이킹북스

프롤로그

언어재활 임상현장에서 파찰음, 마찰음, 유음(탄설음)의 조음에 어려움을 보이는 아동들은 일반화에 오랜 시간이 걸리는 것을 체험하였습니다.
기나긴 일반화 과정에서 문장 수준 이상의 활동 및 과제에 대한 아쉬움이 컸습니다.
이에 파찰음, 마찰음, 유음(탄설음)을 연습할 수 있도록 순서그림을 구성하게 되었습니다.

아동들이 순서그림을 쉽게 표현하고 조음 연습을 반복하도록 (1) 내용을 이해하여 질문에 답하기, (2) 순서그림을 보면서 목표 단어를 넣어서 말하는
빈칸 채우기 과제를 첨부했습니다.

이 책을 언어재활 임상현장에서 다양하게 활용할 수 있습니다.

 첫째, 파찰음, 마찰음, 유음(탄설음)의 조음 일반화 과제로 활용할 수 있습니다.
 둘째, 순서그림은 일상생활에서 친숙한 주제로 구성되어 있어서 그림을 보면서 쉽고 간단한 대화를 나눌 수 있습니다.
 셋째, 30장의 순서그림을 구문 지도 자료로 활용할 수 있습니다.
 넷째, 읽기와 쓰기 과제로 활용할 수 있습니다.
 다섯째, 언어재활의 목표에 따라 개별 그림을 독립적으로 활용할 수 있습니다.

임상현장에서 밤낮으로 언어재활 준비에 심혈을 기울이고 계신 언어재활사분들이 용이하게 활용하셨으면 합니다.

그림에 대한 아낌없는 조언과 냉정한 판단을 해 준 이선영님과 책 제목을 지어주신 원영남 언어재활사님께 감사의 마음을 전합니다.

목차

파찰음(/ㅈ, ㅊ, ㅉ/)

(1) 잠자리가 날아다녀요(잠자리, 잠자리채, 친구, 같이, 앉다(앉아요), 잡다, 즐겁다) ... 9

(2) 오늘은 졸업식!(졸업식, 졸업장, 사진, 주꾸미, 주꾸미철판볶음, 집게, 치즈, 친구, 같이, 찍다, 자르다) ... 12

(3) 혼자서 방을 청소해요(창문, 책상, 책, 청소기, 의자, 장난감, 침대, 옷장, 제자리, 활짝, 지저분하다, 청소하다, 정리하다) ... 15

(4) 즐거운 저녁 시간(저녁, 가족, 김치, 오징어채, 시금치, 반찬, 설거지, 자전거, 즐겁다, 정리하다) ... 18

(5) 아침에 일어나요(아침, 기지개, 창문, 벤치, 정말, 즐겁다, 앉다(앉아요)) ... 21

(6) 수영장에 놀러가요(자동차, 좌회전, 주차장, 수영장, 안전, 즐겁다, 운전하다, 주차하다, 도착하다) ... 24

(7) 야채는 맛있어요(야채, 감자, 가지, 도장 찍기, 스케치북, 최고, 재미있다, 좋다) ... 27

(8) 신나는 체육 시간(체육, 운동장, 줄다리기, 줄넘기, 축구, 자판기, 친구) ... 30

(9) 백화점에서 쇼핑해요(가족, 백화점, 티셔츠, 바지, 모자, 점퍼, 치마, 피자, 여자 화장실, 남자 화장실) ... 33

(10) 장난감을 사요(삼촌, 장난감, 총, 경찰차, 고리던지기, 운전대, 전화기, 자동차, 잔돈, 지갑, 집, 저금통, 주다) ... 36

아저씨들(V, W)

(1) 사진을 찍어요 (사진, 사진기, 3개, 언니가, 있다, 일, 장, 씨, 사진관, 사진첩, 사용, 태안읍내, 새해맞이, 앞이다, 찍다) 40

(2) 풍을 그리다 (풍, 바람, 옷이, 새, 손을, 옷을 입고, 사진, 그림자가, 시원하다) 43

(3) 어른다운 모습들 (손이, 새, 웃음이, 바람스럽다) 46

(4) 이코트를 입었어요 (이코트를 꼭, 우리, 가져가, 동양화, 반사가, 서다이, 섬이다, 싶다, 주문한다) 49

(5) 동구 정상이다 (정상이, 나무, 세트 위로, 나빠, 신기, 소스, 생드, 수총, 서영훈이, 세종문공후다, 왔어 아다) 52

(6) 양지 움집이 (없다, 아버지, 용이, 사람이, 고방들을, 시미경한다, 밀었다, 완성한다, 기록한다) 55

(7) 재홍태가 나왔어요 (새, 새해를, 사고, 아니가, 새 아이, 높다) 58

(8) 용이 잊은 아들 (돌려, 아저씨, 에이, 새색, 아이로리, 새며, 잊다, 안다, 사랑한다) 61

(9) 소수를 장세요 (소수, 스세, 브리트, 그리, 몰, 몸이, 오가다, 올리다다, 수러한다) 64

(10) 풍기는 잊는다! (옷을, 시네비, 세, 배해, 세세비, 눈 손, 세페름, 심사다) 67

(11) 곧이 나네요 (곰새운다, 곰타다, 새세비, 사상다, 삼에용다, 샤상다) 70

유음(탄설음)(/ㄹ/)

(1) 그림을 그려요(보라색, 초록색, 노란색, 파란색, 그림, 노랑나비, 파랑나비, 그리다, 날아가다) 74

(2) 봄이 좋아요(개구리, 개나리, 봄바람, 머리카락, 노랗다, 놀다(놀아요)) 77

(3) 아빠는 요리사!(우리, 요리, 계란프라이, 도시락, 체리, 요구르트, 숟가락, 젓가락) 80

(4) 동생은 화가!(고래, 구름, 그림, 기린, 그리다, 따라가다) 83

(5) 동물원에 놀러가요(동물원, 기린, 호랑이, 캥거루, 아이스크림, 커다랗다, 놀다(놀아요)) 86

(6) 여름은 너무 더워!(여름, 모래사장, 소라, 불가사리, 파라솔, 모래성, 아이스크림, 푸르다, 놀다(놀아요)) 89

(7) 놀이터에서 놀아요(놀이터, 씨름, 미끄럼틀, 모래, 모래놀이, 머리, 어린이, 소라, 고래, 불가사리, 해파리, 차례차례, 두르다) 92

(8) 내가 좋아하는 계란 요리!(계란, 계란프라이, 계란말이, 요리, 프라이팬, 그래서) 95

(9) 소중한 우리 몸!(우리, 머리, 허리, 손가락, 그림 그리기, 발가락, 바르다) 98

(1) 잠자리가 날아다녀요

목표 단어 - 잠자리, 잠자리채, 친구, 같이, 앉다(앉아요), 잡다, 즐겁다

	-하늘에 무엇이 날아다니나요?
	-풀과 꽃 위에 무엇이 앉았나요?
① **잠자리**들이 하늘을 날아다녀요. ② **잠자리** 한 마리가 풀 위에 앉아요. ③ **잠자리** 두 마리가 꽃 위에 앉아요.	-잠자리들은 어디에 앉았나요? ① ②
④ **친구**들이 **잠자리채**를 들고 **잠자리**들을 따라가요. 　 잠자리를 **잡아서 같이** 놀고 싶어요. 　 잠자리는 더 멀리 날아가요. 　 그래도 잠자리들을 따라서 달리니까 **즐거워요**.	-친구들은 무엇을 들고 잠자리들을 따라갔나요?
	-친구들은 왜 잠자리를 잡으려고 했나요?
	-잠자리들을 따라서 달리는 친구들의 마음은 어떤가요?

글과 그림을 보면서 □ 안에 목표 단어를 넣어서 말하세요.

① □□□들이 하늘을 날아다녀요.

② □□□ 한 마리가 풀 위에 앉아요.

③ □□□ 두 마리가 꽃 위에 앉아요.

④ □□들이 □□□□를 들고 □□□들을 따라가요.
잠자리를 □□□ □□ 놀고 싶어요.
잠자리는 더 멀리 날아가요.
그래도 잠자리들을 따라서 달리니까 □□□□.

목표 단어 – 졸업식, 졸업장, 사진, 주꾸미, 주꾸미철판볶음, 집게, 치즈, 친구, 같이, 찍다, 자르다

	-오늘은 무슨 날인가요?
	-졸업식에서 무엇을 받았나요?
① 오늘은 **졸업식**이에요. 　**졸업장**을 받았어요.	
	-졸업식이 끝난 후, 무엇을 했나요?
② **친구**들과 **사진**을 **찍어요**.	
③ 친구들과 **주꾸미철판볶음**을 먹으러 가요. 　큰 **주꾸미**를 **집게**로 잡고 가위로 **잘라요**.	-졸업식이 끝난 후, 친구들은 무엇을 먹으러 갔나요?
④ 매운 **주꾸미**를 **치즈**랑 **같이** 먹어요.	-큰 주꾸미를 어떻게 했나요?
	-매운 주꾸미를 무엇과 함께 먹었나요?

파찰음(ㅈ, ㅊ, ㅉ)

국어 영역 학습 공략집 양식지-1. 크리스마스 아침을 상상해보자.

물음 그림을 보면서 □ 안에 들어갈 단어를 넣어 말해보세요.

① 오늘은 □□□ 이에요.
   □□□ 을 받았어요.

② □□ 트리가 □ 옆에 □□□ 을 □□□.

③ 산타클로스 □□□□□□ 을 먹으러 가고
   같이 □□□ 를 □□ 타고 기차역 □□□□.

④ 매일 □□ 일 □□ 를 □□□ 봐요.

(3) 혼자서 방을 청소해요

파찰음(ㅈ, ㅊ, ㅉ)

① 양이 지저분해요.
  음문을 쓸고, 쓰레기도 정소해요.

② 책상에 있는 연필과 책을 책장이에 정리해요.
  의자와 장난감은 제자리에 정리해요.

③ 냉장고 안에는 티슈, 바지, 양말들이 뒤죽박죽이에요.
  티슈 안에 있는 이불과 베개도 정리해요.

④ 양이 좋에, 더러운 옷들은 양말지 소수를 마셔요.

| -청소하기 전, 양이 어땠나요? |
| -청소를 할 때, 무엇을 사용했나요? |
| -청소를 할 때, 우리, 책, 의자, 장난감을 어떻게 했나요? |
| -티슈, 바지, 양말은 어디에 있었나요? |
| -청소 후에, 양의 모습은 어땠나요? |

목표 단어 - 청소, 청소하다, 쓸다, 닦다, 외다, 장난감, 옷장, 티슈, 쓰레기, 제자리, 물건, 정리하다, 더럽다, 깨끗하다, 정리되다

글과 그림을 보면서 □ 안에 목표 단어를 넣어서 말하세요.

① 방이 □□□□□.
　□□을 □□ 열고, □□□로 □□□□.

② □□에 있는 연필과 □을 □□□에 정리해요.
　□□와 □□□을 제자리에 □□□□.

③ 바닥에 있는 □□□, □□, 양말을 □□에 넣어요.
　□□ 위에 있는 이불과 베개를 정리해요.

④ □□ 후에, 달콤한 □□□ □□를 마셔요.

마찰음(ㅅ, ㅆ, ㅉ)　　　　17

목표 단어 - 저녁, 가족, 김치, 오징어채, 시금치, 반찬, 설거지, 자전거, 즐겁다, 정리하다

	-가족들과 함께 무엇을 했나요?
① **가족**들과 **저녁**을 먹어요. ② **반찬**을 골고루 먹어요. 　**김치**, **오징어채**, **시금치**를 꼭꼭 씹어 먹어요. ③ 나는 엄마와 식탁을 **정리**하고, 아빠는 **설거지**를 해요. ④ 옷을 갈아입고, **자전거**를 타러 나갔어요. 　**즐거운 저녁** 시간이에요.	-저녁 반찬은 무엇이었나요? ①　　　　　　②　　　　　　③
	-저녁 식사 후, 아빠는 무엇을 하셨나요?
	-옷을 갈아입고, 무엇을 했나요?
	-가족들과 함께 한 저녁 시간은 어땠나요?

듣고 그림을 보면서 ㅇ에 들어갈 단어를 넣어서 읽어보세요.

① 들□□ 을 □□ 타요.

② □을 곤드루 펴요.
  엄마, '□□□□', □□□를 크게 써서 봐요.

③ 나는 영어로 사과는 □□□ 하고, 아빠는 □□□를 해요.

④ 운동 경기이고, □□□를 타다 나갔어요.
  □□ □ 시어이예요.

(5) 아침에 일어나요

① 상쾌한 아침이에요.
  아침에 일어나서 제일 먼저 기지개를 켜요.
② 운동을 열고 아이디어 샘솟는 신선한 아침들로 하루를 좋아해요.
③ 새들이 나무에 앉아서 노래해요.
④ 새들이 빨리에 앉아서 모이를 먹어요.
  상쾌한 좋은기운 아침이에요.

- 언제 일어나요?

- 아침에 일어나서 제일 먼저 무엇을 해요?

- 아이는 운동을 열고 새들이 속을 들었나요?

- 새들이 어디에서 노래했나요?

- 새들은 어디에서 모이를 먹나요?

- 아이는 아침에 기분이 어땠나요?

공통 단어 - 아침, 기지개, 운동, 빨리, 사야, 곤충, 둘리다, 앉다(않다)

글과 그림을 보면서 □ 안에 목표 단어를 넣어서 말하세요.

① 상쾌한 □□이에요.
　□□에 일어나서 제일 먼저 □□□를 켜요.

② □□을 열고 날아가는 새한테 손을 흔들어요.

③ 새들이 나무에 □□□ 노래해요.

④ 새들이 □□에 □□□ 모이를 먹어요.
　□□ □□□ 아침이에요.

목표 단어 – 자동차, 좌회전, 주차장, 수영장, 안전, 즐겁다, 운전하다, 주차하다, 도착하다

	－가족들은 무엇을 타고 여행을 갔나요?
① **자동차**를 타고 여행을 가요. 아빠가 **운전해요**. 우리는 **즐겁게** 이야기해요.	－아빠는 여행을 하면서 무엇을 하셨나요?
② **수영장**에 **도착했어요**. **좌회전**해서 **주차장**으로 들어가고, **자동차**를 **주차해요**.	－주차장으로 들어갈 때, 어느 방향으로 들어갔나요? ① 좌회전(↰)　　② 우회전(↱)　　③ 직진(↑)
③ 수영복으로 갈아입고, **수영장**으로 가요.	－수영복으로 갈아입고, 어디로 갔나요?
④ **수영장**에서 신나게 놀아요. 미끄럼틀을 탈 때, 엄마와 아빠가 **안전**하게 도와주세요.	－아이가 미끄럼틀을 탈 때, 엄마와 아빠는 아이를 어떻게 도와주셨나요?

문장 그림을 보면서 □ 안에 들어갈 단어나 표현 단어를 넣어서 말해보세요.

① □□□를 타고 여행을 가요.
아빠가 □□□□. 우리는 □□ □ 이야기해요.

② 수영장에 □ □□□□.
수영복을 □□□ □으로 갈아입고, □□□를 □□□□.

③ 수영복으로 갈아입고, □□□으로 가요.

④ 에서 신나게 놀아요.
미끄럼틀을 탈 때, 엄마와 아빠가 □□ 도와주세요.

26 즐거운 여름 공부하기 -피서철 아침놀이-

(7) 야채는 맛있어요

목표 단어 - 야채, 감자, 가지, 도장 찍기, 스케치북, 최고, 재미있다, 좋다

	-아이가 싫어한 음식은 무엇이었나요?
① 아이는 **야채**를 싫어해요.	-아빠는 무엇으로 도장을 만들었나요?
② 아빠가 **감자랑 가지**로 **도장**을 만들어요.	-아이는 야채 도장으로 무엇을 했나요?
③ 아이가 **스케치북**에 **감자 도장 찍기, 가지 도장 찍기**를 해요. 아이는 감자, 가지가 **재미있고, 좋아요.** 아빠는 감자, 가지로 요리를 해요.	-아이는 어디에 야채 도장 찍기를 했나요?
④ 이제 아이는 **감자랑 가지**를 잘 먹어요. 아빠가 만들어주신 감자 요리, 가지 요리는 **최고**예요.	-이제 아이는 감자와 가지를 잘 먹게 되었어요. 그 이유는 무엇인가요?
	-아빠가 만들어주신 감자 요리와 가지 요리는 어땠나요?

글과 그림을 보면서 □ 안에 목표 단어를 넣어서 말하세요.

① 아이는 □□를 싫어해요.

② 아빠가 □□랑 □□로 □□을 만들어요.

③ 아이가 □□□□에 □□ □□ □□, □□ □□ □□를 해요.
아이는 감자, 가지가 □□□□, □□□.
아빠는 감자, 가지로 요리를 해요.

④ 이제 아이는 □□랑 □□를 잘 먹어요.
아빠가 만들어주신 감자 요리, 가지 요리는 □□예요.

파찰음(ㅈ, ㅊ, ㅉ)

목표 단어 - 체육, 운동장, 줄다리기, 줄넘기, 축구, 자판기, 친구

	-지금은 무슨 시간인가요?
	-친구들은 어디에서 놀았나요?
① **체육** 시간에 **운동장**에서 놀아요. ② **친구**들과 **줄다리기**를 해요. ③ 친구들과 **줄넘기** 시합을 해요. 　친구들과 **축구**를 해요. ④ 목이 말라서 **자판기**에서 시원한 음료수를 사먹어요.	-누가 줄다리기, 줄넘기 시합, 축구를 했나요?
	-체육 시간이 친구들은 무슨 운동을 했나요? ① ② ③
	-목이 마른 친구들은 어떻게 했나요?

파찰음(ㅈ, ㅊ, ㅉ)

끝말 그림을 보면서 □ 안에 알맞은 단어를 넣어서 말해보세요.

① □□ 시간에 □□ 에서 놀아요.

② □□들과 □□□□를 해요.

③ 친구들과 □□□ 시합을 해요.
　　친구들과 □□를 해요.

④ 목이 말라서 □□□ 에서 시원한 음료수를 사먹어요.

(9) 백화점에서 쇼핑해요

파찰음(ㅈ, ㅊ, ㅉ)

일상 생활 관련 단어 익히기 -과일류 이름을 알아봅시다

① 가족들과 백화점에 가요.	- 가족들과 어디에 갔나요?
② 백화점에서 토마토, 바나나, 감자, 포도, 피망, 키위를 사요.	- 가족들은 백화점에서 무엇을 샀나요? ① ② ③ ④ ⑤
③ 청과물에 가요. 엄마와 누나는 야채 청과물에 가요. 아빠와 나는 과자 청과물에 가요.	- 엄마와 누나는 어느 청과물을 이용했나요? - 아빠와 나는 어느 청과물을 이용했나요?
④ 피자를 사요. 가족들과 함께 피자를 맛있게 먹어요.	- 가족들은 무엇을 사왔나요?

목표 단어 - 사과, 배추?, 토마토, 바나나, 감자, 포도, 키위, 피망, 야채 청과물, 과자 청과물, 청과물, 백화점

글과 그림을 보면서 □ 안에 목표 단어를 넣어서 말하세요.

① □□들과 □□□에 가요.

② 백화점에서 □□□, □□, □□, □□, □□를 사요.

③ □□□에 가요.
엄마랑 누나는 □□ □□□에 가요.
아빠랑 나는 □□ □□□에 가요.

④ □□를 사먹어요.
□□들과 함께 □□를 맛있게 먹어요.

목표 단어 - 삼촌, 장난감, 총, 경찰차, 고리던지기, 운전대, 전화기, 자동차, 잔돈, 지갑, 집, 저금통, 주다

	－누가 만 원(10,000원)을 주셨나요?
① **삼촌**이 만 원(10,000원)을 **주셨어요**.	－아이는 마트에 왜 갔나요?
② **지갑**을 들고 **장난감**을 사러 마트에 가요. **장난감** 나라에는 **총**, **경찰차**, **고리던지기**, **운전대**, **전화기**가 있어요. **장난감**들이 너무 비싸서 만 원(10,000원)으로는 살 수 없어요.	－장난감 나라에는 어떤 장난감들이 있었나요? ①　　　　　②　　　　　③ ④　　　　　⑤　　　　　⑥
③ **자동차** 열쇠고리가 마음에 들어요. 3,000원! 값도 싸요. **자동차** 열쇠고리를 사요.	－아이는 어떤 장난감을 샀나요?
④ **집**에 가서 **잔돈**을 **저금통**에 넣어요. 용돈을 더 모아서 **장난감**을 많이 살 거예요.	－아이는 자동차 열쇠고리를 산 뒤에, 어디로 갔나요?
	－아이는 집에 가서 잔돈을 어디에 넣었나요?

파찰음(ㅈ, ㅊ, ㅉ)

글감 그림을 보면서 □ 안에 공통 단어를 넣어서 문장을 완성해보세요.

① 이 만 원(10,000원)을 □□□□.

② 을 들고 □□□ 사자 마트에 가요.

공통 낱말에는 '□', '□□□□', '□□□', '□□□□'가 있어요.

□□□이 너무 비싸서 만 원(10,000원)으로 살 수 없어요.

③ □□□ 떡볶이가 마음에 들어요.

3,000원 모자라서 세요. □□□ 빌려주기를 사요.

④ □에 가서 □□□을 □□□에 둘아요.

용돈을 더 모아서 □□□ 등 값이 싼 걸 가세요.

목표 단어 – 사과, 사다리, 3개, 싱크대, 식탁, 접시, 믹서, 사과주스, 탄산음료, 서로, 새빨갛다, 맛있다, 씻다

	−사과나무에는 무엇이 주렁주렁 열렸나요?
① **사과**나무에 **사과**가 주렁주렁 열렸어요. 아빠가 **사다리**를 타고 올라가서 **새빨간 사과**를 땄어요.	−아빠는 무엇을 타고 올라가서 사과를 땄나요?
② **새빨간 사과 3개**를 **싱크대**에서 **씻었어요**. **접시**에 사과를 담았어요.	−아빠는 새빨간 사과 3개를 어떻게 했나요? ① ②
③ 아빠는 **믹서**에 **탄산음료**와 **사과**를 넣고, **사과주스**를 만들어 주셨어요.	−아빠는 사과로 무엇을 만드셨나요?
④ 톡 쏘는 사과주스가 상큼하고 **맛있었어요**. 아빠와 아이는 **사과주스**를 마시면서 **서로**를 보며 웃었어요.	−아빠는 사과주스를 어떻게 만드셨나요?
	−아빠가 만들어주신 사과주스는 맛이 어땠나요?

글자 그림을 보면서 □ 안에 들어갈 단어를 낱말 표에서 찾아서 넣으세요.

① 나무에 □□가 조랑조랑 열렸어요.
아빠가 □□□를 타고 올라가서 □□ □□를 땄어요.

② 새벽기 에 □□ □□를 □□□□에서 □□□□.
□□에 시계를 달았어요.

③ 아빠는 □□□□에 □□□□을 넣고, □□□□를 만들어 주셨어요.

④ 푹 쓰는 사과주스가 상콤해서 □□□□□.
아빠와 아이는 □□□□를 마시서 □□를 보며 웃었어요.

(2) 숲으로 가자

목표 단어 - 숲, 버스, 소리, 새, 음료수, 샌드위치, 사진, 가족사진, 시원하다

	-가족들과 버스를 타고 어디를 갔나요?
① 가족들과 함께 **버스**를 타고 **숲** 체험을 갔어요. **시원한** 바람이 불었고, 공기는 신선했어요.	-숲에서 분 바람은 어땠나요?
② **숲**에는 나무들이 많았어요. 그리고 **새**들이 지저귀는 **소리**가 들렸어요.	-숲에서는 무슨 소리가 들렸나요?
③ 벤치에 앉아서 **샌드위치**와 **음료수**를 먹었어요.	-가족들은 간식으로 무엇을 먹었나요?
④ **숲** 체험 기념으로 **가족사진**을 찍었어요. **새**들도 날아와서 같이 **사진**을 찍었어요.	-가족들은 숲 체험 기념으로 무엇을 찍었나요?
	-가족사진을 찍을 때, 무슨 일이 있었나요?

글과 그림을 보면서 □ 안에 목표 단어를 넣어서 말하세요.

① 가족들과 함께 □□를 타고 □ 체험을 갔어요.
　　□□□ 바람이 불었고, 공기는 신선했어요.

② □에는 나무들이 많았어요.
　그리고 □들이 지저귀는 □□가 들렸어요.

③ 벤치에 앉아서 □□□□와 □□□를 먹었어요.

④ □ 체험 기념으로 □□□□을 찍었어요.
　□들도 날아와서 같이 □□을 찍었어요.

목표 단어 – 소리, 새, 목소리, 바스락바스락

	−이 세상에는 귀로 들을 수 있는 무엇이 있나요?
① 세상에는 아름다운 **소리**들이 있어요. ② **새**들이 노래하는 **소리**, **바스락바스락** 낙엽 밟는 **소리**, 음악 **소리**는 아름다워요. ③ 노래 부르는 **목소리**, 아기의 **목소리**는 아름다워요. ④ 아름다운 **소리**를 들으면 내 마음은 행복해요.	−어떤 소리들이 아름다운가요? ① ② ③ ④ ⑤
	−내 마음은 왜 행복한가요?

마찰음(ㅅ, ㅆ)

문장 그림을 보면서 □ 안에 들어갈 단어를 넣어 문장을 완성하세요.

① 세상에는 아름다운 □□ 들이 많아요.

② 들이 노래하는 □□, □□□□□□ 하는 벌레 □□,

울창한 □□ 는 아름다워요.

③ 노래 부르는 □□□, 아기의 □□□ 는 아름다워요.

④ 아름다운 □□ 를 들으면 내 마음은 행복해요.

(4) 스마트폰은 소중해요

목표 단어 - 스마트폰, 국제, 숙제, 게시판, 동영상, 방사, 상상력, 낮다, 높다, 소중하다

① 스마트폰은 편리해요.
숙제를 때 모르는 것은 스마트폰으로 검색하면 쉽게 알 수 있어요.

② 스마트폰은 재미있어요.
스마트폰으로 친구나 게임을 할 수 있어요.
재미있는 동영상을 볼 수 있고, 음악도 들을 수 있어요.

③ 스마트폰은 비싸고 상상력이에요.
스마트폰은 값이 비싸고, 무엇이든 불편하지 않아요.

④ 스마트폰은 나쁜 영향도 소중한 것인가요.

-무엇이 필요한가요?

-스마트폰으로 아이들은 어떤 것들을 할 수 있나요?
①
②
③

-스마트폰은 좋은 점이 많고, 나쁜 점도 많습니다.
-스마트폰이 아이에게 어떤 점이 물과같은가요?

-스마트폰은 나쁜 점이 동봉합니다.
-스마트폰이 아이에게 어떤 점이 낮은가요?

글과 그림을 보면서 □ 안에 목표 단어를 넣어서 말하세요.

① □□□□은 편리해요.
　□□할 때 모르는 것은 스마트폰으로 □□하면 □□ 알 수 있어요.

② 스마트폰은 재미있어요.
　□□□□으로 신나는 게임을 할 수 있어요.
　재미있는 □□□을 볼 수 있고, 음악도 들을 수 있어요.

③ 스마트폰은 척척 □□이고 □□□이에요.
　스마트폰은 모르는 것이 없고, 무엇이든 알려줘요.

④ 스마트폰은 나와 놀아주는 □□□ 친구예요.

목표 단어 – 점심 식사, 샌드위치, 식빵, 소시지, 상추, 소스, 접시, 주스, 시원하다, 새콤달콤하다, 씹어 먹다

① **점심 식사**로 **샌드위치**를 만들어요.
 	
② **식빵**에 계란, **소시지**, 치즈, **상추**를 넣어요.
  토마토**소스**와 머스터드**소스**를 뿌려요.
  접시에 **샌드위치**를 담아요.
 	
③ 냉장고에서 **시원한 주스**를 꺼내서 컵에 따라요.
 	
④ **샌드위치**를 꼭꼭 **씹어 먹어요**.
  새콤달콤한 주스와 함께 먹으니까 더 맛있어요.
	-점심 식사로 무엇을 만들어 먹었나요?

	-샌드위치를 만들 때, 식빵에 어떤 재료들을 넣었나요? ①　　　　　　　　② ③　　　　　　　　④
	-재료 위에 무엇을 뿌렸나요? ①　　　　　　　　②
	-완성한 샌드위치를 어디에 담았나요?
	-아이는 샌드위치를 어떻게 먹었나요?
	-아이는 샌드위치가 왜 더 맛있었나요?

마찰음(ㅅ, ㅆ)

글과 그림을 보면서 □ 안에 들어갈 단어를 낱말 퍼즐에서 찾아봅시다.

① 그 □□ 고 □□□□를 만들어요.
② □□에 계란, □□□, 치즈, □□를 올려요.
   토마토 □□ 마요네즈 □□□□를 뿌려요.
   □□ □□에 □□□□를 담아요.
③ 냉장고에서 □□ □□□를 꺼내서 접시에 담아요.
④ 샌드위치를 꼭꼭 □□ □□□.
   □□□ 등 □□□이 함께 먹으니까 더 맛있어요.

(6) 멋진 공원!

목표 단어 - 눈사람, 아저씨, 코, 사람들, 꼬마, 시끌벅적하다, 둥그렇다, 수군거리다, 밀어내다

① 아저씨들이 눈을 모으고 굴려요. 운동복을 입은 아저씨도 있고, 기자들도 나가서 **시끌벅적**해요. 눈사람을 주거니 받거니 **사람들이 웃어요.**	–아저씨들이 무엇을 하시나요?
② **아저씨들**이 눈을 굴려서 **둥그렇게** 만들어요. 풀 덩이 같아요.	–아저씨들이 눈을 모을 때, 사람들이 왜 웅성거렸나요?
③ 마다 없이고 **눈덩이 코 사람이 앉았어요.** 운동복이 좋아하고, 운동복에서 동경에 들 보아요.	–눈 덩이 위에, 무슨 덩이 또 놓였나요?
	–눈덩이 위에 누가 앉았나요?
④ "아저씨 당신 눈덩이 만들어 주셔서 감사합니다."	
	–눈덩이 아저씨, 사람들은 아저씨들에게 어떤 마음이 들었나요?

글과 그림을 보면서 □ 안에 목표 단어를 넣어서 말하세요.

① □□□들이 공원을 만들려고 □□를 해요.
　망치 두드리는 □□, 드르륵 기계□□가 나서 □□□□□.
　공사하는 소리가 시끄러워서 사람들이 □□□□.

② □□□들이 땀을 흘리면서 오랫동안 일해요. 몇 달이 지났어요.

③ 드디어 멋있고 □□□ 공원이 □□□□□□.
　공원이 멋있다고 □□□이 좋아하고, 공원에서 즐겁게 놀아요.

④ "아저씨! 멋진 공원을 만들어 주셔서 □□□□□."

목표 단어 – 새, 새싹, 사랑, 아기새, 세 마리, 살다

	-추운 겨울에 누가 나무에 살았나요?
① 추운 겨울에 **새** 한 마리가 나무에 **살았어요**. 너무 추워서 **새**는 멀리 갔어요.	-따뜻한 봄이 오자, 어떤 일이 생겼나요?
② 따뜻한 봄이 와서 **새싹**이 나오고, 나무에 꽃이 폈어요.	-너무 추워서 멀리 떠났던 새 한 마리는 봄이 오자, 어떻게 했나요?
③ 멀리 갔던 **새**가 **사랑**하는 **새**랑 함께 돌아왔어요.	
④ **새**들은 나무에 둥지를 만들고, **아기새 세 마리**를 낳았어요. **새**들은 행복하게 **살았어요**.	-새들은 아기새를 몇 마리 낳았나요?
	-아기새 세 마리를 낳은 뒤, 새들은 어떻게 되었나요?

글자 그림을 보면서 □ 안에 들어갈 단어를 낱낱이 말해보세요.

① 촉촉한 거품에 흰 머리가 나무에 □□□□.
나무 속에서 □는 흰지 것이요.

② 산꼭대기 눈이 쌓여 □□가 하얗고, 나무에 꽃이 폈어요.

③ 밤이 깊어 □가 □□하는 동□ 돌깨 이야깅어요.

④ 눈은 나무에 쏠지를 만들고, □□□ □ □□를 만들었어요.

□눈은 행복하게 □□□□.

(8) 봄이 왔어요

목표 단어 - 돌배, 아저씨, 씨앗, 새싹, 냄새, 꽃향기, 맡다, 뭉그러지다, 시끄럽다

① 아저씨가 산에 씨앗을 뿌려서 심었어요.	-누가 산에 씨앗을 뿌려서 심었어요?
② 냄새가 지독했어요. 　나무에는 새싹이 나기 시작했어요.	-아저씨는 산에 무엇을 했나요?
③ 이제 나무에는 예쁜 꽃들이 향기가 없어요.	-냄새가 지독해서, 아픈 일이 생겼나요?
④ 새끼 강아지들이 꽃을 보고서 뭉그러져 있었어요.	-누가 나무에 핀 꽃을 보고서 뭉그러져 있었나요?

글과 그림을 보면서 □ 안에 목표 단어를 넣어서 말하세요.

① □□□가 땅에 □□을 뿌려서 □□□□.

② □□가 따뜻해졌어요.
나무에는 □□이 나기 □□□□□.

③ 이제 나무에는 예쁜 꽃들이 활짝 폈어요.

④ □□ 강아지들이 꽃을 보면서 폴짝폴짝 뛰었어요.

(9) 휴지를 주세요

불들 이용한 학습 공사진 이야기 - 그림을 이야기로 만들어 보아요

목표 단어 – 동생, 주스, 물티슈, 다시, 몹시, 쏟아지다, 속상하다, 청소하다

	–형은 누구한테 주스를 따라주었나요?
① 형이 **동생**한테 **주스**를 따라주었어요.	
	–동생이 컵을 떨어뜨려서 무슨 일이 생겼나요?
② 그런데 **동생**이 컵을 떨어뜨려서 **주스**가 바닥에 **쏟아졌어요**. 동생은 **몹시 속상했어요**.	
③ 형이 달려와서 **물티슈**로 바닥을 **청소**했어요.	–컵을 쏟은 동생의 마음은 어땠나요?
④ 그리고 **동생**한테 **주스**를 **다시** 따라주었어요. **동생**은 기뻤어요. 형이 최고예요!	–동생이 주스를 쏟자, 형은 어떻게 했나요? ① ②

글과 그림을 보면서 □ 안에 들어갈 단어를 〈보기〉에서 찾아 써 봅시다.

① 용이 우리 □□를 □□ 따라왔어요.

② 그런데 용이 점점 몸이 아프더니 기□□ 바닥에 말□□□□□.

동생은 □□ □□□□□.

③ 용이 불쌍해서 동□□□ 물을 떠□□□ 줬어요.

④ 그리고 □□ 우리 츠스를 □□ 따라왔어요.

동생은 기뻤어요.

용이 춤도 췄대요!

(10) 즐거운 설날!

목표 단어 - 설날, 세배, 새해, 한 살, 세뱃돈, 신나다

	-오늘은 무슨 날인가요?
① 오늘은 **설날**이에요. 아침에 가족들과 떡국을 먹고, **한 살** 더 먹었어요.	-설날이 되자, 아이들에게는 어떤 변화가 생겼나요?
② 그리고 어른들께 **세배**를 드렸어요. "**새해** 복 많이 받으세요. 건강하세요." 어른들은 아이들에게 덕담을 해 주시며 **세뱃돈**을 주셨어요. 아이들은 **세뱃돈**을 받으니까 **신났어요**.	-설날에 하는 인사말은 무엇인가요?
	-아이들은 떡국을 먹은 뒤, 어른들께 무엇을 했나요?
③ 아이들은 밖에서 연날리기를 했어요.	-어른들은 아이들에게 무엇을 주셨나요?
④ 아이들은 제기차기도 했어요. **설날** 놀이를 하니까 재미있었어요.	-아이들은 설날에 무슨 놀이를 했나요?
	-아이들은 설날에 왜 재미있었나요?

글과 그림을 보면서 □ 안에 목표 단어를 넣어서 말하세요.

① 오늘은 □□이에요.
　아침에 가족들과 떡국을 먹고, □ □ 더 먹었어요.

② 그리고 어른들께 □□를 드렸어요.
　"□□ 복 많이 받으세요. 건강하세요."
　어른들은 아이들에게 덕담을 해 주시며 □□□을 주셨어요.
　아이들은 세뱃돈을 받으니까 □□□□.

③ 아이들은 밖에서 연날리기를 했어요.

④ 아이들은 제기차기도 했어요.
　□□ 놀이를 하니까 재미있었어요.

목표 단어 - 눈싸움, 눈썰매, 눈사람, 쌩쌩, 새하얗다, 신나다

	-어떤 눈이 내렸나요? '매우 하얀 눈'이라는 뜻입니다.
① **새하얀** 눈이 내렸어요. ② **신나서** 밖에 나갔어요. 　눈을 굴려서 **눈사람**을 만들었어요. ③ 눈을 꽁꽁 뭉쳐서 **눈싸움**을 했어요. 　하얀 눈에 맞아도 아프지 않고 즐거웠어요. ④ **눈썰매**를 **쌩쌩** 탔어요. 　**새하얀** 눈과 함께 **신나게** 놀았어요.	-아이들은 왜 밖에 나갔나요?
	-아이들은 새하얀 눈으로 무엇을 했나요? ① ② ③
	-새하얀 눈과 함께 노는 아이들의 마음은 어땠을까요?

글과 그림을 보면서 □안에 알맞은 단어를 넣어서 문장을 완성하세요.

① 눈이 내렸어요. □□□

② □□□ 밖에 나갔어요.
눈 □□□로 □□□을 만들었어요.

③ 눈 □□□ 동동 온가락 등 □□□을 했어요.
눈이 녹아도 야파지 않고 즐거웠어요.

④ □□□를 □□ 닦아요.
새하얀 눈과 함께 □□□ 돌아왔어요.

목표 단어 - 보라색, 초록색, 노란색, 파란색, 그림, 노랑나비, 파랑나비, 그리다, 날아가다

	-물감으로 무엇을 했나요?
① 물감으로 **그림**을 **그려요**. ② **보라색** 물감으로 예쁜 꽃을 **그려요**.	-무슨 색으로 꽃과 잎사귀를 그렸나요? ① 꽃: ② 잎사귀:
③ **초록색** 물감으로 잎사귀를 **그려요**. **노란색** 물감으로 나비를 **그려요**. **파란색** 물감으로 넓은 하늘을 **그려요**.	-무슨 색으로 넓은 하늘을 그렸나요?
④ **노랑나비**가 **보라색** 꽃에 앉아서 쉬고 있어요. 노랑나비 한 마리는 **파랑나비**가 와서 같이 하늘로 훨훨 **날아가요**.	-누가 보라색 꽃 위에 앉아서 쉬고 있었나요?
	-노랑나비 한 마리는 왜 하늘로 훨훨 날아갔나요?

글과 그림을 보면서 □안에 들어갈 단어를 낱말 판에서 찾아봅시다.

① 꽃밭으로 □□을 옮겨요. □□□.

② 꽃밭으로 예쁜 꽃을 □□□ 옮겨요.

③ 꽃밭으로 잎사귀를 □□□.

④ 꽃밭으로 나비를 □□□.

꽃밭으로 벌레들을 옮겨요. □□□.

④ □□□□가 □□□ 꽃에 앉아서 쉬고 있어요.

동생네 온 마리는 □□□□는 □□□□가 앉아 꿀이 손으로 옮길 줄을 □□□□.

(2) 봄이 좋아요

목표 단어 - 개구리, 개나리, 봄바람, 머리카락, 노랗다, 놀다(놀아요)

① 겨울이 지나고 따뜻한 봄이 왔어요.

② **개구리**가 폴짝폴짝 뛰어 **놀아요**.

③ **노란 개나리**도 활짝 폈어요.

④ 시원한 **봄바람**에 **머리카락**이 날려요.
   봄바람을 맞으니까 기분이 상쾌해요.

-따뜻한 봄이 오자, 어떤 일이 생겼나요?

①

②

-시원한 봄바람에 무엇이 날렸나요?

-친구들은 왜 기분이 상쾌했나요?

글과 그림을 보면서 □ 안에 목표 단어를 넣어서 말하세요.

① 겨울이 지나고 따뜻한 봄이 왔어요.

② □□□가 폴짝폴짝 뛰어 □□□.

③ □□ □□□도 활짝 폈어요.

④ 시원한 □□□에 □□□□이 날려요.
　　□□□을 맞으니까 기분이 상쾌해요.

목표 단어 – 우리, 요리, 계란프라이, 도시락, 체리, 요구르트, 숟가락, 젓가락

① **우리** 아빠는 **요리**를 잘하세요. ② 아빠가 **도시락**을 준비해요. 　내가 제일 좋아하는 **계란프라이**, 스시지 볶음, **체리**, 김치를 싸주셨어요. ③ 간식으로 달콤한 **요구르트**도 있어요. 　**숟가락**과 **젓가락**을 도시락 가방에 넣어 주셨어요. ④ 나는 **도시락** 가방을 들고 소풍을 가요.	-우리 아빠는 무엇을 잘하시나요? ① 요리　　② 노래　　③ 달리기 -아빠가 도시락 반찬으로 무엇을 싸주셨나요? ①　　　　　② ③　　　　　④ -아빠가 아이의 간식으로 준 음료수는 무엇이었나요? -아빠가 맛있는 도시락과 함께 도시락 가방에 넣어 주신 것은 무엇이었나요? 　식사할 때 사용하는 물건입니다. ①　　　　　② -아이는 무엇을 들고 스풍을 갔나요?

글과 그림을 보면서 □ 안에 목표 단어를 넣어서 말하세요.

① □□ 아빠는 □□를 잘하세요.

② 아빠가 □□□을 준비해요.

내가 제일 좋아하는 □□□□□, 소시지 볶음, □□, 김치를

싸주셨어요.

③ 간식으로 달콤한 □□□□도 있어요.

□□□과 □□□을 □□□ 가방에 넣어 주셨어요.

④ 나는 □□□ 가방을 들고 소풍을 가요.

(4) 동생은 화가!

목표 단어 - 고래, 구름, 그림, 기린, 그리다, 따라가다

	-동생이 그린 그림에는 어떤 동물들이 있나요? ① ②
① 동생이 **그림**을 **그리고** 있어요. 　하늘에는 흰 **구름**이 떠다녀요. ② **고래**가 헤엄을 치며 흰 **구름**을 **따라가요**. ③ **기린**이 흰 **구름**을 보며 **따라가요**. ④ 흰 **구름**은 여기저기 여행을 다니면서 친구들을 만나서 　좋은가 봐요. 　언니는 동생이 그린 **그림**을 보면서 즐거워해요.	-고래와 기린은 무엇을 따라가나요?
	-고래와 기린은 흰 구름을 보자, 어떻게 하나요?
	-여기저기 여행을 다니는 것은 무엇인가요?
	-언니는 무엇을 보면서 즐거워하나요?

글과 그림을 보면서 □ 안에 목표 단어를 넣어서 말하세요.

① 동생이 □□을 □□□ 있어요.
　하늘에는 흰 □□이 떠다녀요.

② □□가 헤엄을 치며 흰 □□을 □□□□.

③ □□이 흰 □□을 보며 □□□□.

④ 흰 □□은 여기저기 여행을 다니면서 친구들을 만나서 좋은가 봐요.
　언니는 동생이 그린 □□을 보면서 즐거워해요.

목표 단어 – 동물원, 기린, 호랑이, 캥거루, 아이스크림, 커다랗다, 놀다(놀아요)

	-아이는 어디에 놀러갔나요?
① **동물원**에 놀러가요. 동물들이 많이 있어요.	-누가 나뭇잎을 먹고 있었나요?
② 목이 긴 **기린**이 나뭇잎을 먹고 있어요.	
③ 아기 **캥거루**는 엄마 **캥거루** 배 속에서 **놀아요**.	-아기 캥거루는 무엇을 하고 있었나요?
④ **커다란 호랑이**를 보니까 무섭고 신기해요. 아이는 벤치에 앉아서 **아이스크림**을 먹으면서 **호랑이**한테 손을 흔들어요. **호랑이**도 나를 쳐다봐요.	-아이는 벤치에 앉아서 무엇을 먹었나요?
	-아이는 아이스크림을 먹으면서 무엇을 했나요?

문장 그림을 보면서 □ 안에 들어갈 단어를 보기에서 찾아 써넣으세요.

① □□에 독거미가 있어요.
동물들이 많이 있어요.

② 북극 기 □□ 이 나뭇잎을 먹고 있어요.

③ 아기 □□ 는 엄마 □□ 배 속에서 □□□.

④ □□□ □□□를 모시고 살기에해요.

아이는 깨끗이 앉아서 □□□□□을 먹어서 □□□ 튼튼
눈은 좋아들아요.

□□□ 나를 잡아먹요.

(6) 여름은 너무 더워!

목표 단어 - 어름, 문재상자, 숟가락, 풀러기, 몰래사탕, 아이스크림, 푸르다, 돋다(돋아요)

-다음 계절은 무엇이라고 하나요?	① 여름은 많이 더워요. -기운 태양 때문에 날씨들이 매우 더워요. 여름은 많이 더워요.
-아이는 여사에서 숟가락 풀기를 들고, 풀러기를 건었습니다. 두었나요?	② 바다에 놀러 갔어요. -푸른 바다에서 수영해요. -모래사장에서 숟가락 풀기를 들고 풀러기를 ③ 모래사장에서 숟가락, 풀러기를 들고 놀아요. 모래사장도 만들었어요. -많이 더워져도
-아이는 모래사장에서 무엇을 많이 들었나요? ① ②	모래사탕도 만들었어요. ④ 파라솔 아래에서 아이스크림을 맛있게 먹어요. -파라솔 아래에서 아이스크림을 맛있게 먹어요.
-아이는 어디에서 아이스크림을 먹었나요?	여름은 바다도 갈 수 있는 시원해요.
-아이는 여름에 만든 음식, 무엇이 있나요?	

글과 그림을 보면서 □ 안에 목표 단어를 넣어서 말하세요.

① □□은 정말 더워요.
  뜨거운 태양 때문에 부채질을 해도 더워요.

② 바다에 놀러 갔어요.
  □□ 바다에서 수영해요.

③ □□□□에서 □□, □□□□를 줍고 □□□.
  멋진 □□□도 만들어요.

④ □□□ 아래에서 □□□□□을 먹으면서 쉬어요.
  □□ 바다는 정말 시원해요.

목표 단어 – 놀이터, 씨름, 미끄럼틀, 모래, 모래놀이, 머리, 어린이, 소라, 고래, 불가사리, 해파리, 차례차례, 두르다

	-누가 놀이터에서 놀고 있었나요?
	-어린이들은 어디에서 놀았나요?
① **어린이들**이 **놀이터**에서 놀고 있어요. ② **차례차례** 줄을 서서 **미끄럼틀**을 타요. ③ **머리**에는 청띠와 홍띠를 **두르고**, **모래** 위에서 **씨름**을 해요. ④ **모래**에 물을 섞어서 **모래놀이**를 해요. 　**모래**로 **소라**, **고래**, **불가사리**, **해파리**를 만들어서 바다를 꾸며요.	-어린이들은 놀이터에서 무슨 놀이를 했나요? ① ② ③
	-어린이들이 모래와 물을 섞어서 만든 것들은 무엇이었나요? ① ② ③ ④

글과 그림을 보면서 □ 안에 들어갈 단어를 낱말 표에서 찾아 동그라미 해보세요.

① □□□□이 □□에서 놀고 있어요.

② □□□□ 놀이를 시서 □□□□을 타요.

③ □□에서 장미꽃 향기를 맡고, □□ 속에서 □□을 해요.

④ □□에 물을 섞어서 □□□□를 해요.

모래로 '□□', '□□□□', '□□□'를 만들어서 바다를 꾸며요.

(8) 내가 좋아하는 계란 요리!

목표 단어 – 계란, 계란프라이, 계란말이, 요리, 프라이팬, 그래서

	–내가 진짜 좋아하는 요리는 무엇인가요?
① 나는 **계란**을 진짜 좋아해요. **그래서** 오늘은 **계란 요리**를 많이 할 거예요. ② 냄비에 **계란**을 삶아요. **프라이팬**에 **계란**을 톡 터뜨려서 **계란프라이**를 만들어요.	–계란으로 어떤 요리들을 했나요? ① ② ③
③ **계란**에 파, 소금, 후추를 뿌려서 잘 섞은 다음에, **계란말이**를 만들어요.	–어디에 계란을 톡 터뜨려서 계란프라이를 만들었나요?
④ 가족들이 모여서 **계란 요리**를 듬뿍 먹어요.	–계란 요리를 한 후, 가족들은 모여서 무엇을 했나요?

글과 그림을 보면서 □ 안에 목표 단어를 넣어서 말하세요.

① 나는 □□을 진짜 좋아해요.
　　□□□ 오늘은 □□ □□를 많이 할 거예요.

② 냄비에 계란을 삶아요.
　　□□□□에 □□을 톡 터뜨려서 □□□□□를 만들어요.

③ 계란에 파, 소금, 후추를 뿌려서 잘 섞은 다음에, □□□□를 만들어요.

④ 가족들이 모여서 □□ □□를 듬뿍 먹어요.

목표 단어 - 우리, 머리, 허리, 손가락, 그림 그리기, 발가락, 바르다

	-우리 몸의 대장이고 생각할 수 있어요. 이 신체부위는 무엇인가요?
① **우리** 몸은 소중해요.	-바르게 앉고, 체조를 하면, 어디가 튼튼해지나요?
② **머리**는 우리 몸의 대장이에요. **머리**로 생각해요.	-허리를 튼튼하게 하려면 의자에 어떻게 앉아야 하나요?
③ **허리**는 **우리** 몸의 중심이에요. **바르게** 앉고, 체조를 해서 튼튼한 **허리**를 만들어요.	
④ **손가락**이 있는 손으로 글씨 쓰기, 피아노 치기, **그림 그리기**를 할 수 있어요.	-글씨 쓰기, 피아노 치기, 그림 그리기를 할 수 있도록 도와주는 신체 부위는 무엇인가요?
⑤ **발가락**이 있는 발로 줄넘기, 축구, 발레를 할 수 있어요.	-줄넘기, 축구, 발레를 할 수 있도록 도와주는 신체부위는 무엇인가요?

문제 그림을 보면서 □ 안에 들어갈 단어를 넣어 보세요.

① 몸은 □□ 소중해요.

② □□ 는 몸의 대장이에요. □□ 을 생각해요.

③ □□ 는 몸의 중심이에요.
   읽고, 체조를 해서 튼튼한 □□ 을 만들어요. 아름다운 □□

④ □□□ 이 있는 손으로 글씨 쓰기, 피아노 치기, □ □□□ 를 할 수 있어요.

⑤ □□ 이 있는 발로 달리기, 축구, 발레를 할 수 있어요.